Impressum

Verlag: BABADADA GmbH, Nedderfeld 112 , 22529 Hamburg
Geschäftsführer / Verlagsleitung: Harald Hof
Druck: Books on Demand GmbH, In de Tarpen 42, 22848 Norderstedt

Imprint

Publisher: BABADADA GmbH, Nedderfeld 112 , 22529 Hamburg, Germany
Managing Director / Publishing direction: Harald Hof
Print: Books on Demand GmbH, In de Tarpen 42, 22848 Norderstedt, Germany

ښوونځی

skola

klassrum
تقسیم
dividera
186/2
بورډ
tavla
ښوونکی
lärare
د ښوونځي حویلی
skolgård
ورق
papper
لیکل
skriva
قلم
penna
ډیسک
skrivbord
خط کش
linjal
کتاب
bok
زده کونکی
elev

کڅوړه
skolväska

د پنسل بکسه
pennfodral

پنسل
blyertspenna

پنسل تراش
pennvässare

ربړ
suddgummi

د رسامۍ پاڼه
ritblock

2 ښوونځی - skola

رسامي

teckning

د نقاشۍ برس

pensel

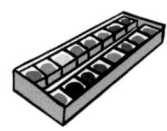

د نقاشۍ بکس

målarlåda

قیچي

sax

سریښ

lim

د تمرین کتاب

övningsbok

کورنۍ دنده

hemläxa

شمیر

tal

2+2

جمع

addera

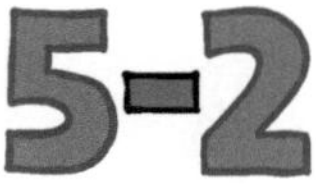

5-2

منفي

subtrahera

2×2

ضرب

multiplicera

حساب

räkna

A

توری

bokstav

ABCDEFG
HIJKLMN
OPQRSTU
VWXYZ

الفبا

alfabet

hello

کلمه

ord

متن

text

لوستل

läsa

تباشیر

krita

درس

lektion

راجستر

register

ازموینه

prov

تصدیق پاڼه

intyg

د ښوونځي یونیفارم

skoluniform

تعلیم

utbildning

دایره المعارف

uppslagsverk

پوهنتون

universitet

مایکروسکوپ

mikroskop

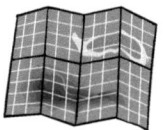

نقشه

karta

اشغالدانی

papperskorg

سفر

resa

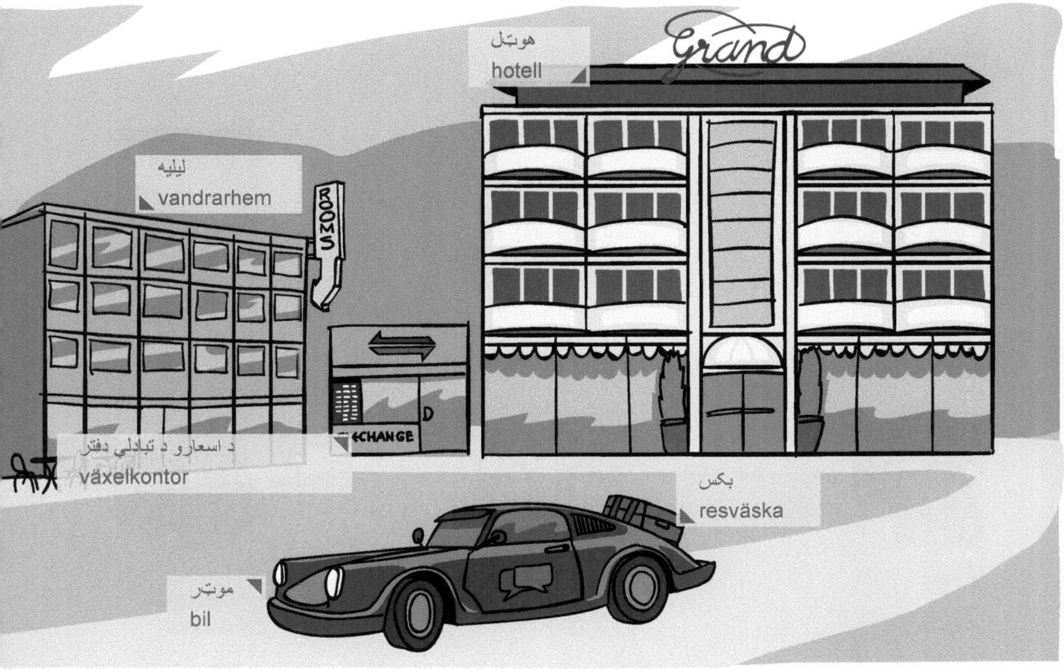
Grand
هوټل
hotell
ليليه
vandrarhem
ROOMS
EXCHANGE
د اسعارو د تبادلې دفتر
växelkontor
بکس
resväska
موټر
bil

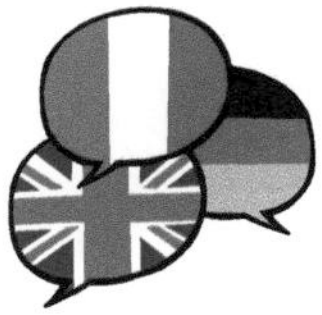

ژبه

språk

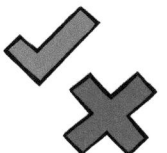

هو/نه

ja / nej

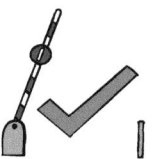

سمه ده

Okay

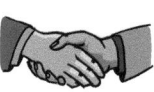

سلام

hej

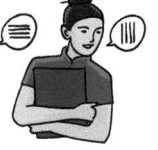

ژباړونکی

översättare

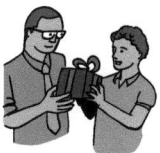

مننه

Tack

څومره دي...؟

hur mycket kostar…?

زه نه پوهيږم

jag förstår inte

ستونزه

problem

ماښام مو پخير!

God kväll!

سهار په خير!

God morgon!

شپه په خير!

God natt!

په مخه مو ښه

hejdå

لارښود

riktning

سامان

bagage

بيګ

väska

شاتنی بکس

ryggsäck

ميلمه

gäst

خونه

rum

د خوب کڅوړه

sovsäck

خيمه

tält

د توریزم معلومات

turistinformation

ساحل

strand

کریډیټ کارت

kreditkort

ناری

frukost

د غرمې خواړه

lunch

د شپې خواړه

middag

ټیکټ

biljett

لفټ

hiss

مهر

frimärke

پوله

gräns

ګمرک

tull

سفارت

ambassad

ویزه

visum

پاسپورټ

pass

ټرانسپورټ

transport

الوتکه
flygplan
fartyg
د اور ماشين
brandbil
بس
buss
lastbil
موټرکښتۍ
motorbåt
بايک
cykel
موټر
bil

کښتۍ

färja

کښتۍ

båt

موټرسايکل

motorcykel

د پوليسو موټر

polisbil

د ريس موټر

racerbil

کرايي موټر

hyrbil

د کرایه موټري

bilpool

جرثقیل لرونکی ټرک

bärgningsbil

ریفیوز ټرک

sopbil

موټر

motor

سونګ توکي

bränsle

پټرول سټیشن

bensinstation

ترافیکي نښه

vägmärke

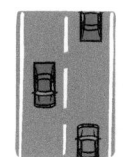

ترافیک

trafik

جام ترافیک

bilkö

د موټرو تمځای

parkeringsplats

د ریل سټیشن

tågstation

پاټکي

räls

ریل

tåg

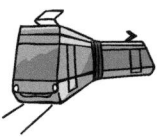

ټرام

spårvagn

واګون

vagn

چورلکه

helikopter

هوايي ډګر

flygplats

برج

torn

مسافر

passagerare

کانټينر

container

کارتون

kartong

کارټ

vagn

ټوکرۍ

korg

الوتنه کول/کښېناستل

starta / landa

ښار

stad

کلی

by

د ښار مرکز

centrum

کور

hus

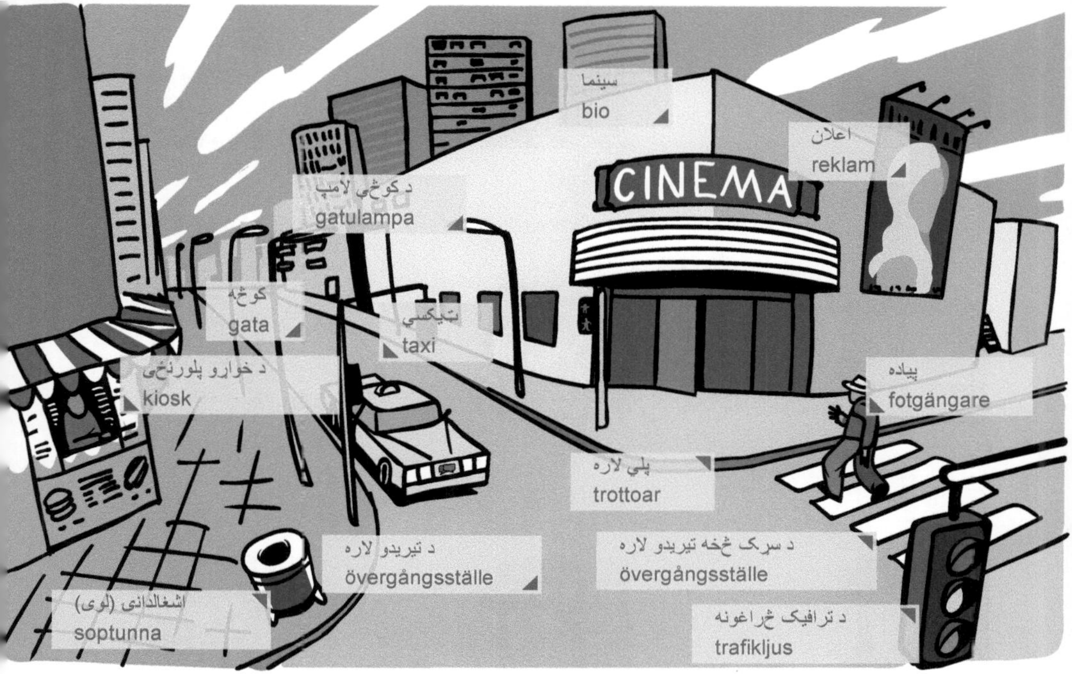

سینما
bio
اعلان
reklam
د کوڅې لامپ
gatulampa
کوڅه
gata
ټیکسي
taxi
د خوارو پلورنځی
kiosk
پیاده
fotgängare
پلي لاره
trottoar
د تیریدو لاره
övergångsställe
د سړک څخه تیریدو لاره
övergångsställe
اشغالدانی (لوی)
soptunna
د ترافیک څراغونه
trafikljus

کودله

stuga

اپارتمان

lägenhet

د ریل سټیشن

tågstation

ټاون هال

stadshus

میوزیم

museum

ښوونځی

skola

پوهنتون

universitet

بانک

bank

روغتون

sjukhus

هوټل

hotell

درملتون

apotek

دفتر

kontor

کتاب پلورنځی

bokhandel

پلورنځی

affär

د گلانو پلورنځی

blomsterbutik

لوی پلورنځی

stormarknad

مارکیټ

marknad

د ډیپارټمنټ سټور

varuhus

کب پلورنځی

fiskhandlare

د پلور مرکز

köpcentrum

لنگرتون

hamn

پارک

park

بينچ

bänk

پل

brygga

زينه

trappa

د ځمکي لاندي

tunnelbana

تونل

tunnel

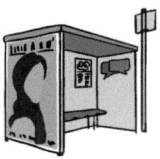

بس تمځای

busshållplats

بار

bar

ريسټورانټ

restaurang

پوست بکس

brevlåda

د کوڅي نښه

gatuskylt

د پارک کولو ميټر

parkeringsautomat

ژوبڼ

zoo

د لامبو حوض

simbassäng

مسجد

moské

کرونده
bondgård

ناپاکي
förorening

هديره
kyrkogård

چرچ
kyrka

د لوبو ډګر
lekplats

معبد/کليسا
tempel

منظره
landskap

پاڼه
löv
د لارښووني نښه
vägskylt
لاره
väg
چمن
äng
کاڼی
sten
هیکر
liftare
ونه
träd
سيند
flod
واښه
gräs
ګل
blomma

دره

dal

غونډۍ

kulle

ناور

sjö

ځنګل

skog

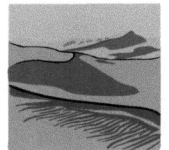

دشته

öken

اورشيندی

vulkan

کلا

slott

رنګين کمان

regnbåge

مرخيړي

svamp

پلم ونه

palm

ماشي

mygga

الوتل

fluga

میږی

myra

مچی

bi

غونډل/جولا

spindel

گـونگـت
....
skalbagge

چونگـبنـه
....
groda

نولی
....
ekorre

زیرکی
....
igelkott

سوی
....
hare

گـونک
....
uggla

مرغی
....
fågel

قازه
....
svan

نرخوگ
....
vildsvin

هوسی
....
rådjur

گـاوزه
....
älg

بند
....
damm

بادي توربين
....
vindkraftverk

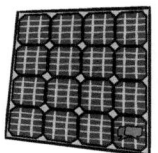

سولر تختي
....
solcellspanel

اقليم
....
klimat

پیشخدمت
servitör
مینو
meny
چوکی
stol
سوپ
soppa
پیزا
pizza
پښاخی، چاقو، کاشوغه
bestick
bordsduk

ستارټر
förrätt

اصلي خواړه
huvudrätt

شیرني
dessert

څښاک
drycker

خواړه
mat

بوتل
flaska

فاسټ فوډ

snabbmat

د کوڅې خواړه

street food

چای جوش

tekanna

قندانی

sockerskål

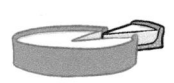

برخه

portion

اسپرسو مشین

espressomaskin

لوړه چوکی

barnstol

رسید

räkning

مجمه

bricka

چاکو

kniv

پنجه

gaffel

قاشق

sked

چای قاشق

tesked

سورویت

servett

ګلاس

glas

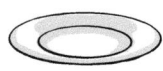

پلیټ

tallrik

د سوپ پلیټ

sopptallrik

نالبکی

tefat

ساس

sås

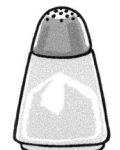

مالګه شیندونکی

saltkar

د مرچ ټکولو لوخی

pepparkvarn

سرکه

vinäger

غوړي

olja

مساله

kryddor

کچ اپ

ketchup

شرشم

senap

چکه

majonnäs

لوی پلورنځی

stormarknad

specialerbjudande
FOR
پیرودونکی
kund
لبنیات
mejeriprodukter
میوه
frukt
varukorg

قصابي
charkuteri

نانوایی
bageri

وزن کول
väga

سبزیجات
grönsaker

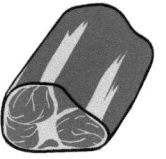

غوښه
kött

کنګل خواړه
frysta livsmedel

یخه غوښه

pålägg

کنسروا خواړه

konserver

د مینځلو پوډر

tvättmedel

شیریني

godis

کورني تولیدات

hushållsprodukter

د پاکولو محصولات

rengöringsmedel

د پلور فرد

försäljare

د نغدي راجستر

kassa

صراف

kassör

د پیرود لیست

inköpslista

کاري ساعتونه

öppettider

بټوه

plånbok

کریډیټ کارت

kreditkort

کڅوړه

väska

پلاستیک کڅوړه

plastpåse

drycker

اوبه

vatten

جوس

juice

شیده

mjölk

کوک

cola

واین

vin

بیر

öl

الکول

alkohol

ککاو

kakao

چای

te

کافي

kaffe

اسپرسو

espresso

کپچینو

cappuccino

خواړه
mat

کیله

banan

مڼه

äpple

نارنج

apelsin

هندواڼه

melon

لیمو

citron

گازره

morot

هوږه

vitlök

بانکس

bambu

پیاز

lök

مرخیړي

svamp

چغزی

nötter

آش

nudlar

سپيګټي

spaghetti

وريجي

ris

سلاد

sallad

چپس

pommes frites

سره کړي کچالو

stekt potatis

پيزا

pizza

همبرګر

hamburgare

ساندويچ

smörgås

کتره

schnitzel

د پتون غوښه

skinka

سلمي

salami

ساسچ

korv

چرګ

kyckling

روسټ

stek

کب

fisk

د وربشې شيرني

....

havregryn

موسلي

....

müsli

د جوار پلی

....

cornflakes

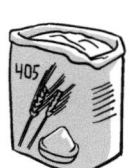

اوړه

....

mjöl

کروسانت

....

croissant

د ډوډۍ رول

....

fralla

ډوډۍ

....

bröd

ټوسټ

....

rostat bröd

بسکيټ

....

kex

کوچ

....

smör

چکه

....

kvarg

کيک

....

kaka

هګۍ

....

ägg

پښې هګۍ

....

stekt ägg

پنير

....

ost

آیس کریم

....

glass

بوره

....

socker

شهد

....

honung

مربا

....

sylt

نوگـاټ کریم

....

nougatkräm

کورکمان

....

curry

کرونده
bondgård

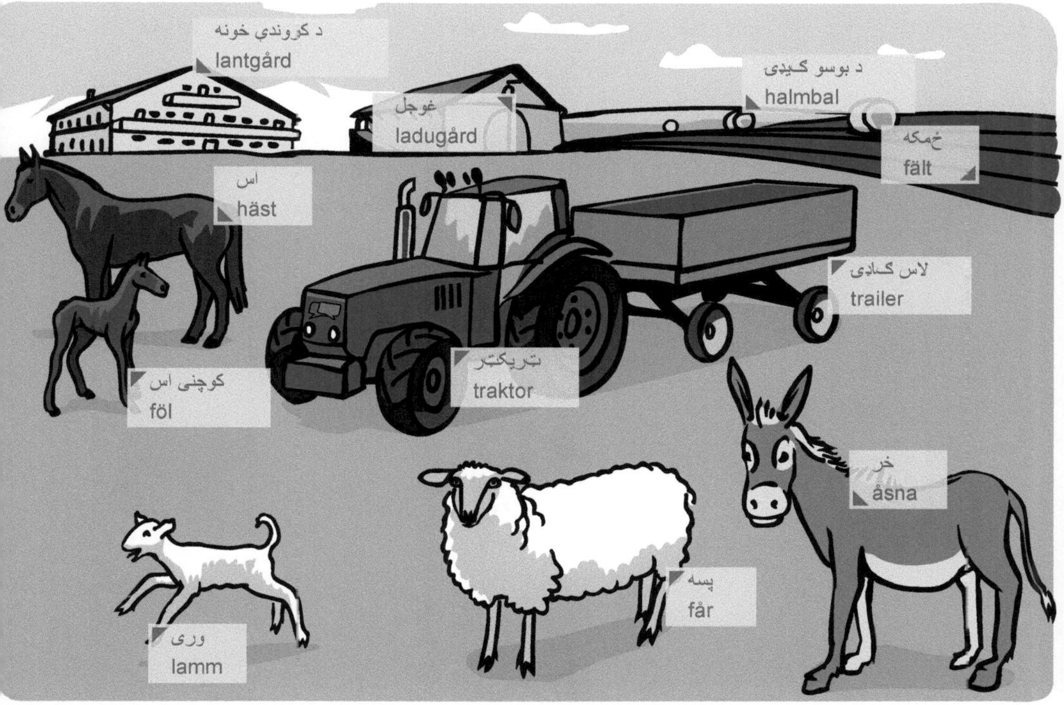
د کروندي خونه
lantgård
غوجل
ladugård
د بوسو گیډی
halmbal
ځمکه
fält
اس
häst
لاس ګاډی
trailer
ټریکټر
traktor
کوچنی اس
föl
خر
åsna
پسه
får
وری
lamm

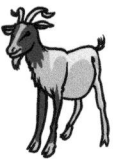

وزه

get

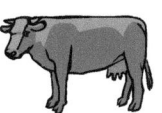

غوا

ko

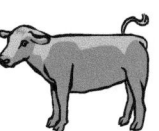

خوسکی

kalv

خوګ

gris

د خوګ بچی

griskulting

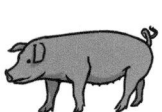

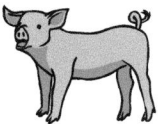

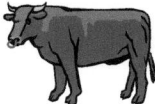

غویی

tjur

بته

gås

هیلی

anka

چرگوړی

kyckling

چرگه

höna

بانگي

tupp

سارای موږک

råtta

پیشک

katt

موږک

mus

غویی

oxe

سپی

hund

د سپي خونه

hundkoja

د باغ هوز

trädgårdsslang

د اوبو لوخی

vattenkanna

لور (داس)

lie

یوی

plog

لور

skära

رمبی

hacka

ښاخی

högaffel

تبر

yxa

کراچۍ

skottkärra

ناوه

tråg

د شیدو لوخی

mjölkflaska

جوال

säck

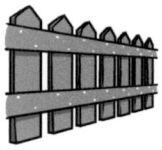

کټاره

staket

مضبوط

stall

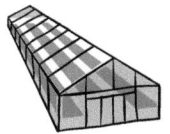

شنه خونه

växthus

خاوره

jord

تخم

säd

سره/کود

gödsel

ګډ ریبونکی ماشین

skördetröska

زیرمه کول
....
skörda

درمند
....
skörd

خواږه کچالو
....
jams

غنم
....
vete

سویا
....
soja

کچالو
....
potatis

جوار
....
majs

نباتي تخم
....
raps

د میوي ونه
....
frukttråd

مانیوک
....
maniok

غله
....
spannmål

کور

hus

skorsten
بام
tak
ناودان
stuprör
fönster
garage
د دروازې زنګ
dörrklocka
دروازه
dörr
اشغالدانۍ
soptunna
د لیک بکس
brevlåda
باغ
trädgård

د اوسیدو خونه

vardagsrum

حمام

badrum

پخلنځی

kök

د ویده کیدو خونه

sovrum

د ماشوم خونه

barnrum

د خوړو خونه

matsal

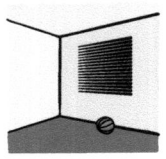

فرش

....

golv

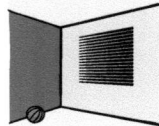

دیوال

....

vägg

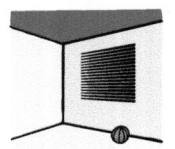

چت

....

tak

زیرخانه

....

källare

سونا

....

bastu

بالکوني

....

balkong

ټراس

....

terrass

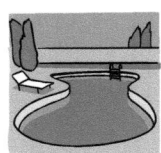

حوض

....

bassäng

د چمن وهلو ماشین

....

gräsklippare

شیټ

....

lakan

روجایی

....

överkast

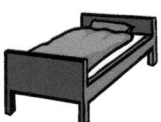

تخت

....

säng

جارو

....

kvast

بوکه

....

hink

سویچ

....

strömbrytare

د اوسيدو خونه

vardagsrum

والپيپر
tapet
عکس
bild
لامپ
lampa
شيلف
hylla
الماری
skåp
تلويزيون
TV
نغری
eldstad
blomma
بالښت
kudde
صوفه
soffa
ګلدانی
vas
fjärrkontroll

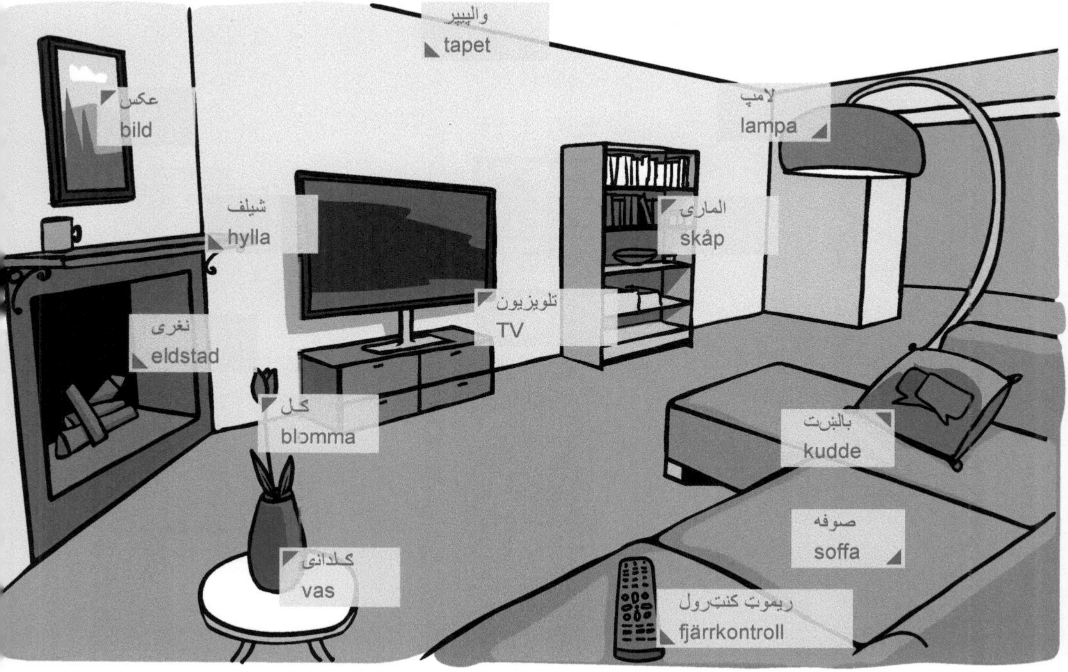

غالۍ

matta

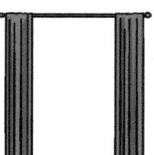

پرده

gardin

ميز

bord

چوکۍ

stol

تاويدونکي چوکۍ

gungstol

بازو لرونکی چوکۍ

fåtölj

کتاب

bok

کمپل

filt

ډيکوريشن

dekoration

د اور لرګي

vedträ

فلم

film

هايفاى

stereoanläggning

کلي

nyckel

ورځپاڼه

dagstidning

نقاشي

målning

پوسټر

poster

راډيو

radio

کتابچه

anteckningsbok

واکيوم جارو

dammsugare

کاکتوس

kaktus

شمع

stearinljus

پخلنځی
kök

فریج
kylskåp
مایکرو ویو اون
mikrovågsugn
köksvåg
ټوسټر
brödrost
مینځونکی
rengöringsmedel
ugn
یخچال
frys
اشغالدانی
soptunna
د لوخو مینځونکی
diskmaskin

دیگ بخار
....
spis

لوخی
....
kastrull

چدني لوخی
....
järngryta

ووک
....
wok / kadai

د تلي په
....
stekpanna

چای جوش
....
vattenkokare

د بخار دیگ

ångkokare

پتنوس

bakplåt

لوخي

porslin

مگ

mugg

کاسه

skål

د رانیولو اوزار

ätpinnar

څمڅۍ

soppslev

کفګیر

stekspade

پاکونکی

visp

صافي

durkslag

غلبیل

sil

ګریټر

rivjärn

اونگ

mortel

بار بي کیو

grill

خلاص اور

brasa

تخته

skärbräda

هوارونکی

kavel

کارک سکریو

korkskruv

ټیم

burk

د ټیم خلاصونکی

burköppnare

د لوخي ټوټه

grytlapp

ظرف شوی

vask

برس

borste

سپنج

svamp

بلیندر

mixer

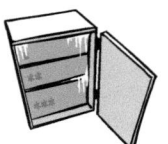

ژور یخچال

frys

د ماشوم بوتل

nappflaska

نل

kran

حمام

badrum

تودول
värme
جان پاک
handduk
شاور
dusch
د شاور پرده
duschdraperi
bubbelbad
د حمام ټب
badkar
glas
د مینځلو مشین
tvättmaskin
kran
ټایلونه
kakel
یو دول کمود
potta
ظرف شوی
vask

تشناب

toalett

فرشي کمود

låg toalett

کمود

bidet

د متیازو ځای

pissoar

تشناب کاغذ

toalettpapper

د تشناب برس

toalettborste

د غاښونو برس

tandborste

د غاښونو کريم

tandkräm

د غاښونو نخ

tandtråd

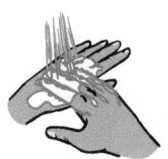

مینځل

tvätta

لاسي شاور

handdusch

دوش

intimdusch

خانک

handfat

د شا برس

ryggborste

صابون

tvål

د شاور ژل

duschgel

شامپو

schampo

فلانل جامه

trasa

وچول

avlopp

کریم

crème

سپری

deodorant

آینه

....

spegel

لاسي آینه

....

handspegel

ریزر

....

rakhyvel

د خریلو فوم

....

raklödder

د خریلو وروسته

....

rakvatten

ګمنځ

....

kam

برس

....

borste

د ویښتانو وچونکی

....

hårtork

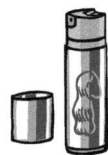

د ویښتانو سپری

....

hårspray

میک اپ

....

smink

لیپ سټیک

....

läppstift

د نوکانو پالش

....

nagellack

کاټن وری

....

bomullsvadd

ناخن ګیر

....

nagelsax

عطر

....

parfym

د مینځلو کڅوړه

necessär

سټول

pall

د وزن کولو تله

våg

د حمام پوښاک

badrock

د ربړ دستکش

gummihandskar

ټامپون

tampong

صحيي جان پاک

binda

کیمیکل تشناب

kemisk toalett

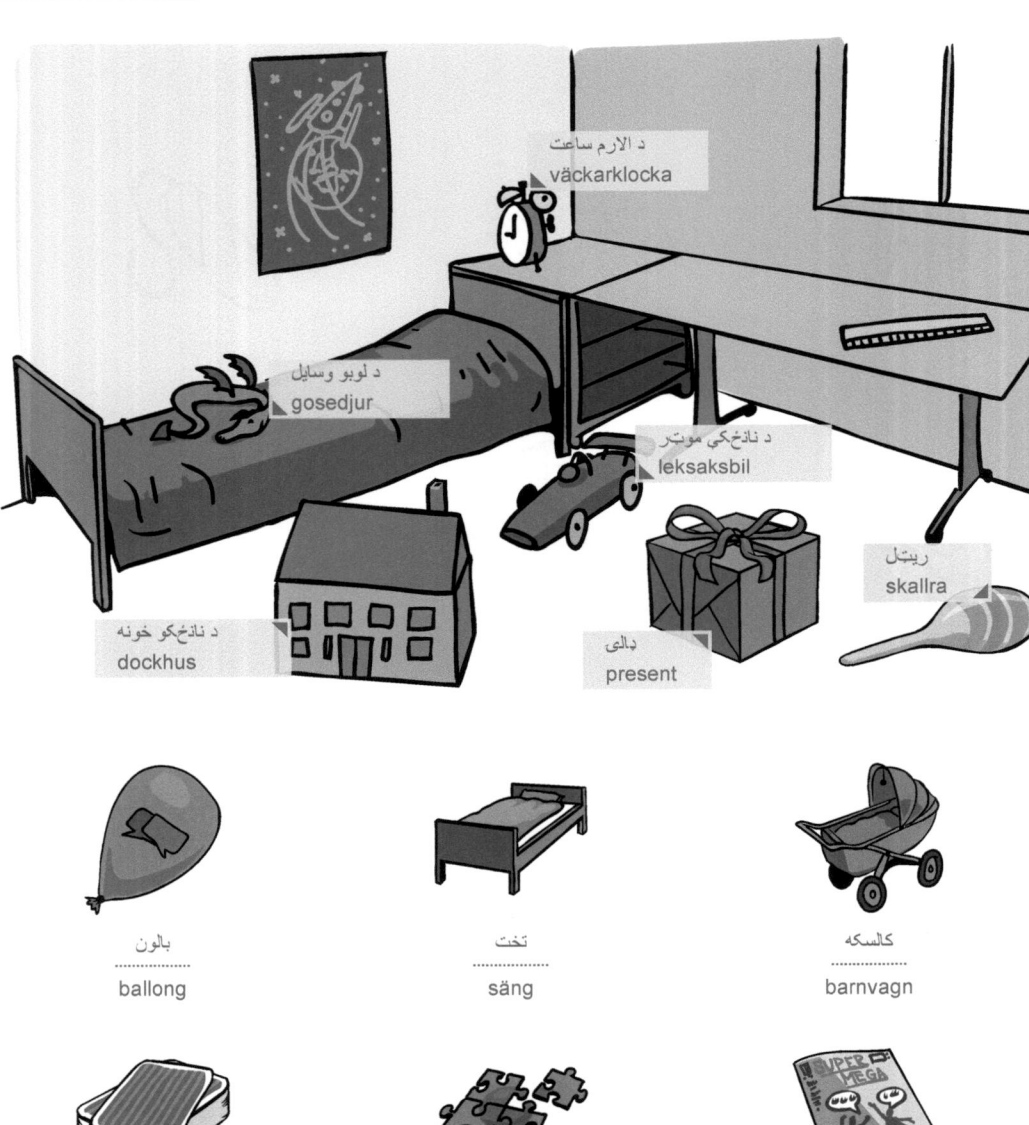

د ماشوم خونه

barnrum

د الارم ساعت
väckarklocka
د لوبو وسايل
gosedjur
د نانځکي موټر
leksaksbil
skallra
dockhus
present

بالون

ballong

تخت

säng

کالسکه

barnvagn

د لوبو ورقي

kortlek

جيګسا

pussel

مسخره

serietidning

ليګو بريک

legobitar

د نانځکو بلاک

klossar

د اکشن فيګور

actionfigur

د ماشوم پوښاک

sparkdräkt

فريزبي

frisbee

موبايل

mobil

بورډ لوبه

brädspel

تاس

tärning

ماډل ريل سيټ

modelljärnväg

ګونګشی

napp

پارټي

party

د عکسونو البوم

bilderbok

بال

boll

نانځکه

docka

لوبيدل

spela

د شګو کنده

....

sandlåda

سوینګ

....

gunga

نانځکي

....

leksaker

د ویډیو لوبو کنسول

....

spelkonsol

ټرای سایکل

....

trehjuling

ګوډکه

....

nalle

د کالو الماری

....

garderob

پوښاک

kläder

جرابي

....

sockar

لوړي جرابي

....

strumpor

ټایټس

....

tights

زروکی
halsduk

چتری
paraply

تي شرت
t-shirt

کمربند
bälte

بوټان
stövlar

سلېپر
tofflor

سنيکر
sneakers

سينډل
sandaler

بوټان
skor

د ربر بوټان
gummistövlar

زيرنيکري
underbyxor

سينه بند
BH

واسکټ
linne

بادي

body

پتلون

byxor

جینز

jeans

لمن

kjol

بلاوز

blus

شرټ

skjorta

بنیان

pullover

سویټر

sweater

بلیزر

blazer

جاکټ

jacka

کوټ

kappa

د باران کوټ

regnjacka

پوښاک

dräkt

کالي

klänning

د واده پوښاک

bröllopsklänning

دريشي

kostym

د شپې پوښاک

nattlinne

پاجامه

pyjamas

ساړي

sari

لوپټه

slöja

پټکی

turban

برقه

burka

کفتن

kaftan

عبا

abaya

د لامبو پوښاک

baddräkt

نیکر

badbyxor

شارټ

shorts

د ځغاستې پوښاک

träningsoverall

پیش بند

förkläde

دستکش

handskar

بټن

knapp

عینک

glasögon

لاس بند

armband

غاړه کۍ

halsband

ګوتمه

ring

غوږوالۍ

örhänge

خولۍ

mössa

کوټ بند

galge

خولۍ

hatt

ټایی

slips

ځنځیر

dragkedja

هیلمیټ

hjälm

تړونکی

hängslen

د ښوونځي یونیفارم

skoluniform

یونیفارم

uniform

بیب

haklapp

ګونګشی

napp

نیپي

blöja

دفتر

kontor

سرور
server
د دوسیه الماری
dokumentskåp
پرینټر
skrivare
ورق
papper
bildskärm
ماوس
mus
skrivbord
mapp
کي بورډ
tangentbord
اشغالدانی
papperskorg
کمپیوټر
dator
stol

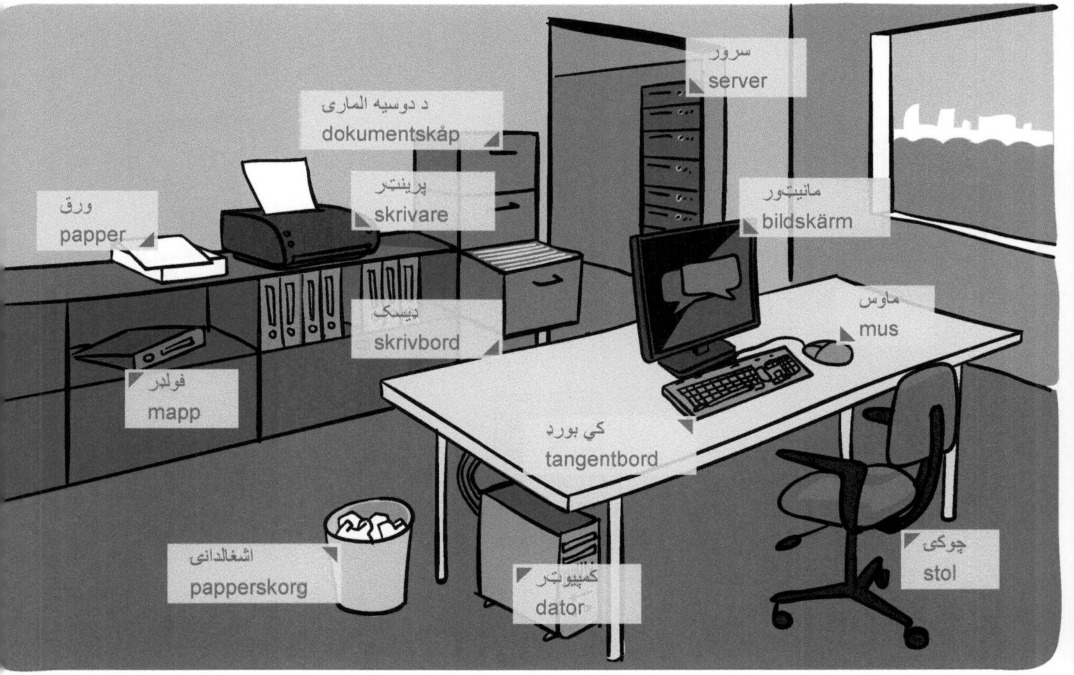

د کافي پیاله

kaffemugg

کالکولیټر

miniräknare

انټرنیټ

internet

لپ ټاپ

bärbar dator

لیک

brev

پیغام

meddelande

موبایل

mobiltelefon

نیټورک

nätverk

فوټوکاپیر

kopieringsapparat

سافټویر

programvara

تلیفون

telefon

پلګ ساکټ

vägguttag

فکس مشین

fax

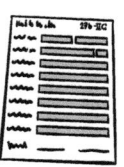

فارم

blankett

سند

dokument

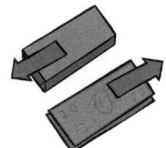

پيرل

köpa

تاديه کول

betala

سوداګري کول

handla

پيسې

pengar

ډالر

dollar

يورو

euro

ين

yen

ربل

rubel

سويسي فرانک

schweizisk franc

رينمينبي يوان

renminbi yan

روپۍ

rupie

د نغدي پيسو ځای

bankomat

د اسعارو د تبادلې دفتر
....
växelkontor

سره زر
....
guld

سپين زر
....
silver

تيل
....
olja

انرژي
....
energi

نرخ
....
pris

قرارداد
....
kontrakt

ماليه
....
skatt

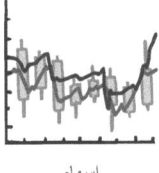

اسهام
....
aktie

کار کول
....
arbeta

کارمند
....
anställd

کار ګومارونکی
....
arbetsgivare

فابريکه
....
fabrik

پلورنځی
....
affär

مسلکونه

yrken

د پولیسو افسر
polis
د اطفایه غرى
brandman
آشپز
kock
ډاکټر
läkare
پیلوټ
pilot

باغوان
....
trädgårdsmästare

نجار
....
snickare

خیاط
....
sömmerska

قاضي
....
domare

کیمیا پوه
....
kemist

د فلم لوبغاړى
....
skådespelare

د بس ډرایور

busschaufför

د ټیکسي ډرایور

taxichaufför

کب نیونکی

fiskare

خدمه

städerska

بام جوړونکی

takläggare

پیشخدمت

servitör

ښکاري

jägare

نقاش

målare

نانوا

bagare

د برېښنا کارکونکی

elektriker

تعمیر جوړونکی

byggarbetare

انجنیر

ingenjör

قصاب

slaktare

نلدوان

rörmokare

پوست رسونکی

brevbärare

سرتیری

soldat

مهندس

arkitekt

صراف

kassör

مالیار

florist

نایی

frisör

کلینډر

konduktör

میکانیک

mekaniker

کپتان

kapten

د غاښونو ډاکټر

tandläkare

ساینس پوه

vetenskapsman

ښاغلی

rabbin

امام

imam

مذهبي نفر

munk

پادري

präst

لوازم
verktyg

پلاس
tång
hammare
پیچکش
skruvmejsel
څراغ
ficklampa
رینچ
skiftnyckel

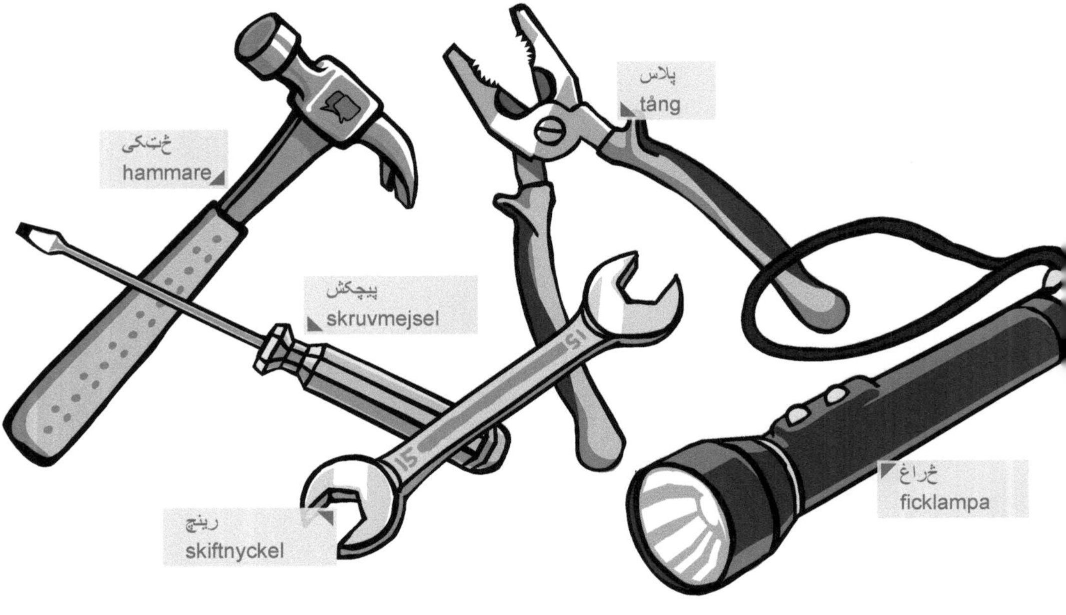

کنستونکی
....
grävmaskin

د لوازمو بکس
....
verktygslåda

زینه
....
stege

اره
....
såg

میخونه
....
spik

برمه
....
borr

ترمیم کول

reparera

بیل

spade

لعنت!

Helvete!

خاک انداز

sopskyffel

مشوانی

färgburk

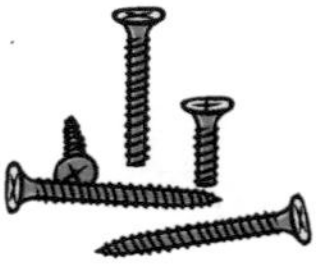

پیچونه

skruvar

د میوزیک آلات

musikinstrument

درم سیت
trummor

لاود سپیکر
högtalare

کیتار
gitarr

کنتر باس
kontrabas

ترومپیت
trumpet

پیانو

piano

وایلن

violin

باس

bas

نغاره

timpani

ډرمونه

trumma

کي بورډ

keyboard

سیکسافون

saxofon

شپیلۍ

flöjt

مایکروفون

mikrofon

ژوبڼ

zoo

ننوتو لاره
ingång
tiger
پنجره
bur
ګوره خر
zebra
د ژويو خواره
djurfoder
panda

ژوی
....
djur

هاتي
....
elefant

کنګرو
....
känguru

د اوبو اسپ
....
noshörning

ګوريلا
....
gorilla

ايږه
....
björn

اوښ

kamel

شترمرغ

struts

زمری

lejon

بیزو

apa

غزی

flamingo

طوطي

papegoja

قطبي ایږه

isbjörn

پینگـوین

pingvin

شارک

haj

طاوس

påfågel

مار

orm

تمساح

krokodil

ژوبڼ ساتونکی

djurskötare

سیل

säl

جگـوار

jaguar

یابو

ponny

پړانګ

leopard

هیپو

flodhäst

زرافه

giraff

باز

örn

نرخوک

vildsvin

کب

fisk

شمشتی

sköldpadda

سمندري نولی

valross

ګیدړه

räv

هوسۍ

gazell

ورزش

sport

امریکایی فټبال
amerikansk fotboll
سایکل ځغلول
cykling
tennis
باسکیټبال
basket
لامبو
simning
باکسینګ
boxning
د کنګل هاکي
ishockey

فټبال

fotboll

کسیزه

badminton

د ځغاستي لوبي

friidrott

د هندبال

handboll

سکي

skidåkning

پولو

polo

فعالیتونه
aktiviteter

ټوپ وهل
hoppa
غاړه ورکول
krama
خندل
skratta
gå
سندري ويل
sjunga
خوب ليدل
drömma
عبادت کول
be
kyssa

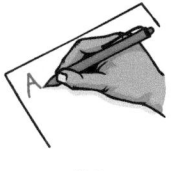

ليکل

skriva

کښل

rita

ښودل

visa

ټيله کول

skjuta

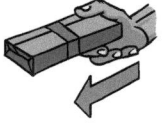

ورکول

ge

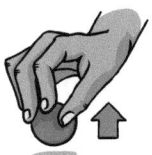

اخيستل

ta

درلودل

hagel

کول

göra

پاييدل

vara

ودريدل

stå

منډې وهل

springa

راکښل

dra

ګوزارل

kasta

لويدل

falla

څملاستل

ligga

انتظار کول

vänta

وړل

bära

کښيناستل

sitta

پوښاک اغوستل

klä på

ويده کيدل

sova

پاڅيدل

vakna

کتل

se på

ژړل

gråta

برید کول

smeka

گمنځ کول

kamma

خبري کول

prata

پوهيدل

förstå

غوښتل

fråga

اوريدل

höra

څښل

dricka

خوړل

äta

پاکول

städa

مينه کول

älska

پخلی کول

laga mat

موټر چلول

köra

الوتل

flyga

بیړی چلول

....

segla

حساب

....

räkna

لوستل

....

läsa

زده کول

....

lära sig

کار کول

....

arbeta

واده کول

....

gifta sig

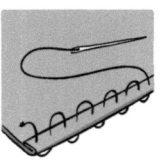

ګنډل

....

sy

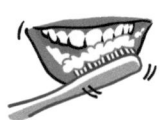

د غاښونو برس کول

....

borsta tänderna

وژل

....

döda

سګرټ څښل

....

röka

لیږل

....

skicka

کورنۍ
familj

نیا
mormor/farmor
نیکه
morfar/farfar
پلار
pappa
mamma
ماشوم
baby
لور
dotter
زوی
son

میلمه

gäst

ترور

moster/faster

کاکا/ماما

farbror/morbror

ورور

bror

خور

syster

بدن
kropp

تندی
panna
öga
اوږه
skuldra
finger
مخ
ansikte
زنه
haka
لاس
hand
سینه
bröst
پښه
ben
مټ
arm

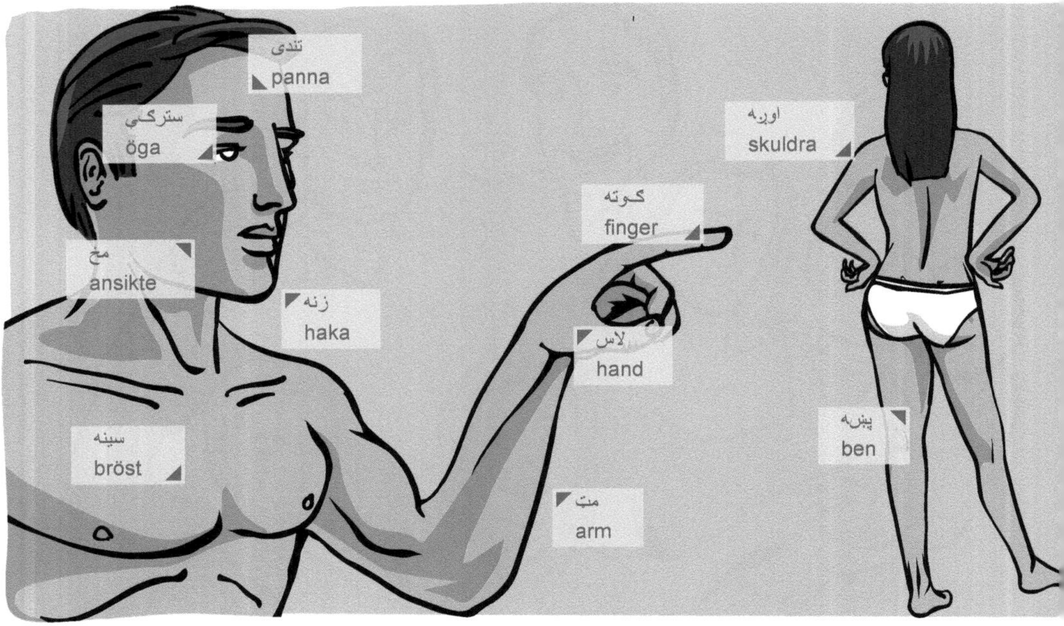

ماشوم

baby

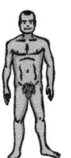

سړی

man

ښځه

kvinna

انجلۍ

flicka

هلک

pojke

سر

huvud

شا

rygg

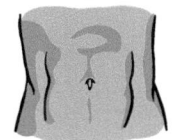

خیټه

mage

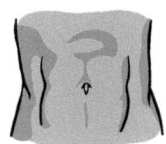

نوم

navel

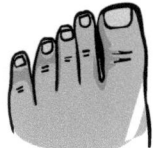

د پښې ګوته

tå

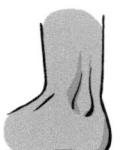

پونده

häl

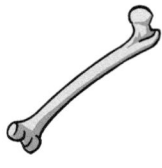

هډوکی

ben

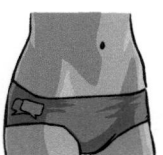

کوناټی

höft

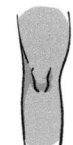

زنګون

knä

څنګل

armbåge

پوزه

näsa

لاندي برخه

stjärt

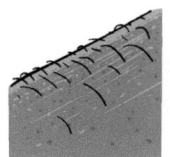

پوټکی

hud

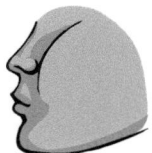

غومبوري

kind

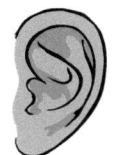

غوږ

öra

شونډه

läpp

خوله

mun

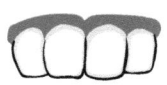

غاښ

tand

ژبه

tunga

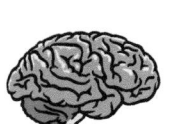

مغز

hjärna

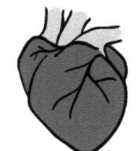

زړه

hjärta

عضله

muskel

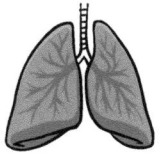

سږی

lunga

ځیګر

lever

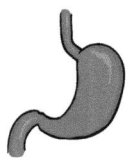

معده

magsäck

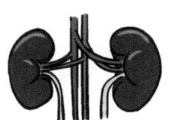

پښتورګي

njurar

جنسي نږدې والی

sex

کانډوم

kondom

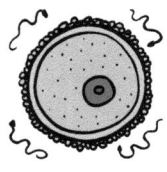

تخمه

äggcell

مني

sperma

حمل

graviditet

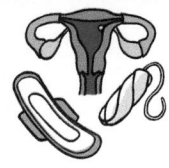

حيض
menstruation

مهبل
vagina

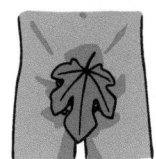

د نارينه تناسلي آله
penis

وروځی
ögonbryn

ویښته
hår

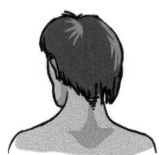

غاړه
nacke

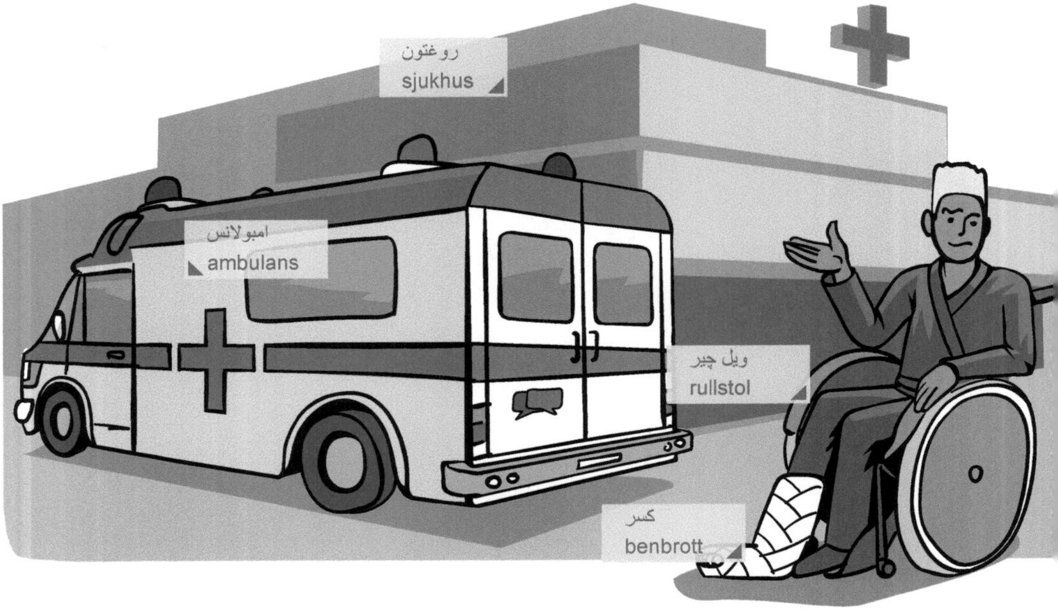

روغتون
sjukhus

امبولانس
ambulans

ویل چیر
rullstol

کسر
benbrott

ډاکټر

läkare

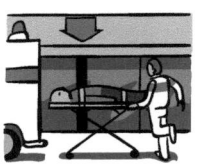

عاجل خونه

akutmottagning

رنځورپال

sjuksköterska

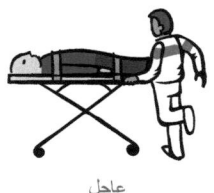

عاجل

nödsituation

بی هوش

medvetslös

درد

smärta

ټپ

skada

وینه تویدل

blödning

د زړه حمله

hjärtattack

ضرب

slaganfall

حساسیت

allergi

ټوخی

hosta

تبه

feber

انفلوینزا

influensa

نس ناستی

diarré

سر درد

huvudvärk

سرطان

cancer

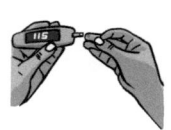

شکر

diabetes

جراح

kirurg

سکالپل

skalpell

عملیات

operation

سي.ټي

CT

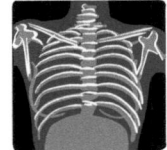

ایکس ری

röntgen

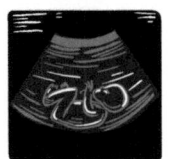

الټراساوند

ultraljud

د مخ ماسک

ansiktsmask

ناروغي

sjukdom

انتظار خونه

väntsal

امسا

krycka

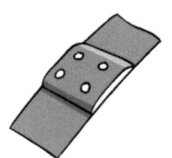

پلستر

plåster

بنداژ

bandage

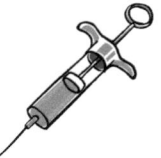

تزریق

injektion

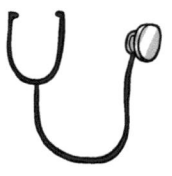

ستاتسکوپ

stetoskop

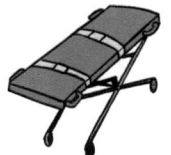

تسکیره

bår

کلینکي ترمامیټر

termometer

زیږون

födsel

زیات وزن

övervikt

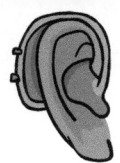

د اوریدو مرسته

hörapparat

د عفونیت څخه پاکونکي مواد

desinfektionsmedel

عفونیت

infektion

ویروس

virus

ایچ.آی.وي/ایډز

HIV / AIDS

درمل

medicin

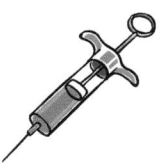

واکسین

vaccination

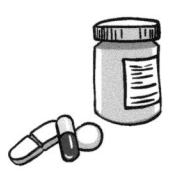

ټابلیټس

tabletter

ګولۍ

p-piller

عاجل تلیفون

nödsamtal

د ويني د فشار څارونکی

blodtrycksmätare

ناروغ/روغ

sjuk / frisk

nödsituation

مرسته!

Hjälp!

الارم

alarm

یرغل

överfall

برید

misshandel

خطر

fara

عاجل لاره

nödutgång

اور!

Det brinner!

د اور وژونکی

brandsläckare

پیښه

olycka

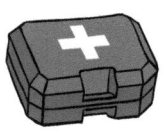

د لومړی مرستي لوازم

förbandslåda

ایس.او.ایس

SOS

پولیس

polis

Jorden

اروپا

Europa

شمالي امریکا

Nordamerika

سهیلي امریکا

Sydamerika

افریقا

Afrika

آسیا

Asien

آسټرېلیا

Australien

اتلانتیک

Atlanten

پاسیفیک

Stilla Havet

د هند بحر

Indiska Oceanen

جنوبي منجمد بحر

Antarktiska Oceanen

د شمال قطب بحر

Arktiska Oceanen

شمالي قطب

Nordpol

سهيلي قطب

Sydpol

انټارکټيکا

Antarktis

ځمکه

Jorden

ځمکه

land

بحر

hav

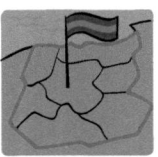

ټاپو

ö

ملت

nation

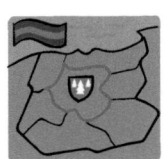

دولت

stat

د مخي ساعت

urtavla

د ساعت ستنه

timvisare

د دقیقي ستنه

minutvisare

د ثانیی ستنه

sekundvisare

څه وخت دی؟

Vad är klockan?

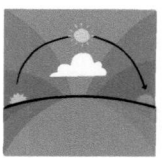

ورځ

dag

وخت

tid

اوس

nu

ډیجیټل ساعت

digital klocka

دقیقه

minut

ساعت

timme

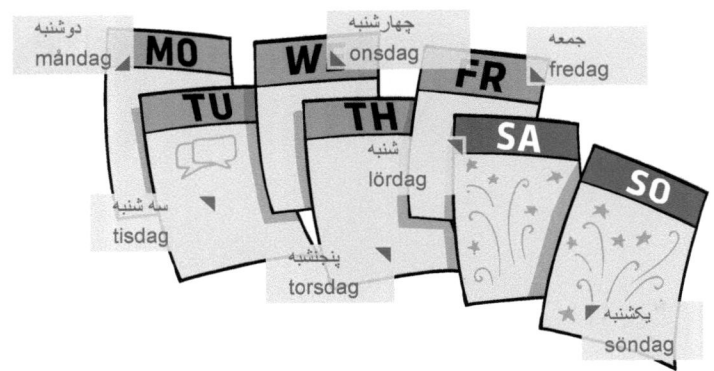

اونۍ

vecka

دوشنبه
måndag
سه شنبه
tisdag
چهارشنبه
onsdag
پنجشنبه
torsdag
FR
جمعه
fredag
شنبه
lördag
SO
یکشنبه
söndag

پرون

igår

نن

idag

سبا

imorgon

سهار

morgon

غرمه

middag

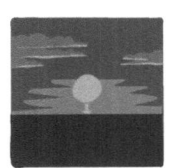

ماښام

kväll

کاري ورځې

vardagar

د اونۍ پای

helg

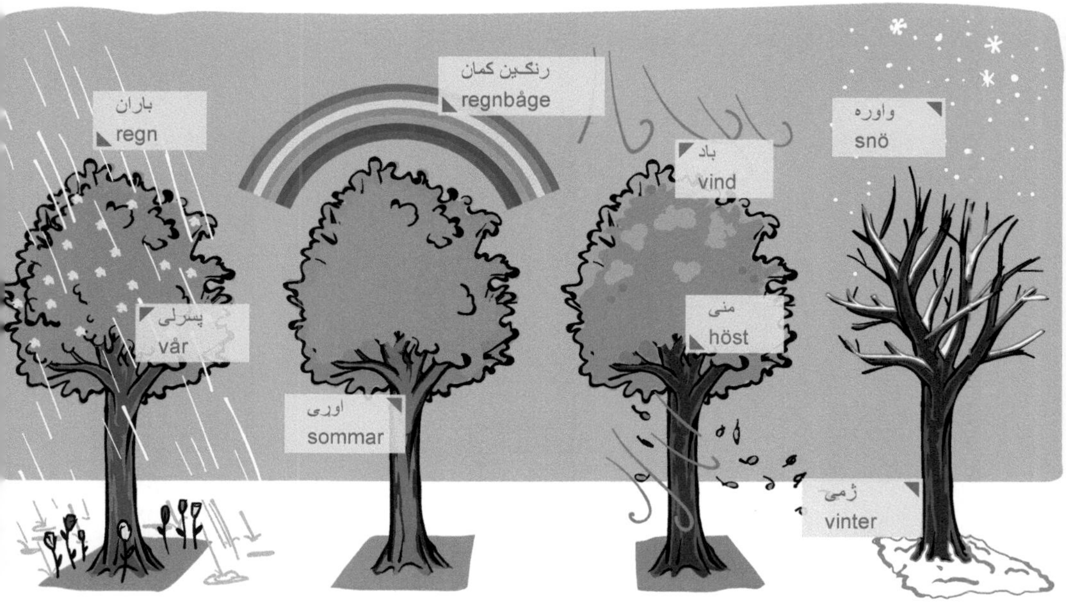

باران
regn
رنګین کمان
regnbåge
باد
vind
واوره
snö
پسرلی
vår
اوړی
sommar
منی
höst
ژمی
vinter

4.APRIL 11°
5.APRIL 4°
6.APRIL 13°
7.APRIL 8°
8.APRIL 10°

د موسم وړاندوینه
....
väderprognos

F C
120 90 60 30 0 -30
40 30 20 10 0 -10 -20

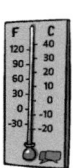

ترمومیټر
....
termometer

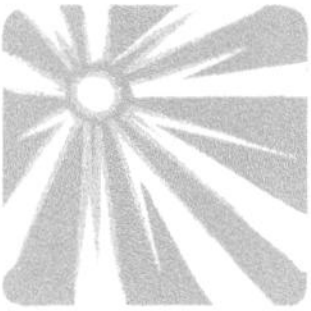

د لمر وړانګې
....
solsken

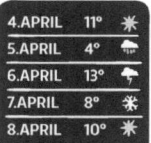

وریځ
....
moln

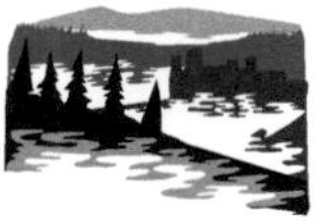

لړه
....
dimma

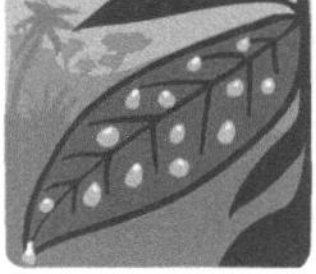

رطوبت
....
luftfuktighet

رڼا

blixt

تندر

åska

توفان

storm

ږلی وریدل

hagel

مون سون باران

monsun

سیلاب

översvämning

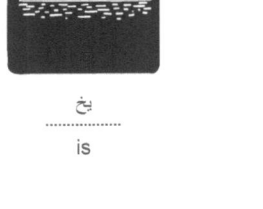

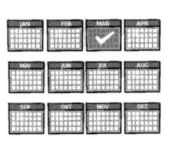

یخ

is

جنوري

januari

فبروري

februari

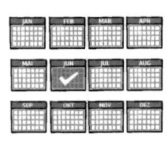

مارچ

mars

اپریل

april

می

maj

جون

juni

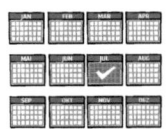

جولای

juli

اګست

augusti

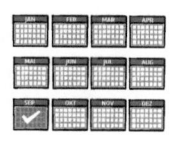

سپتمبر
....
september

اكتوبر
....
oktober

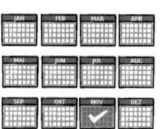

نومبر
....
november

دسمبر
....
december

شكلونه

former

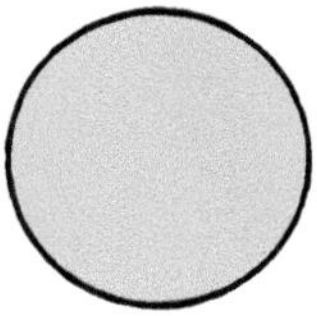

دايره
....
cirkel

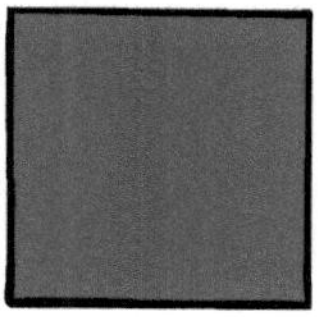

مربع
....
kvadrat

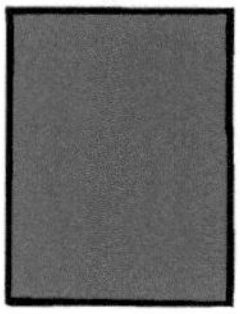

مستطيل
....
rektangel

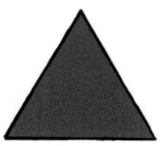

مثلث
....
triangel

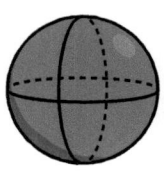

توپ
....
sfär

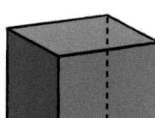

فال
....
kub

سپین

vit

ژیړ

gul

نارنجي

orange

گلابي

rosa

سور

röd

ارغواني

lila

نیلي

blå

شین

grön

نسواري

brun

خړ

grå

تور

svart

متضاد

motsatser

خورا ډیر/خورا لږ

....

mycket / lite

قار/ارام

....

arg / lugn

ښکلی/بدشکله

....

vacker / ful

پیل/پای

....

början / slut

لوی/کوچنی

....

stor / liten

روښانه/تیاره

....

ljus / mörk

ورور/خور

....

bror / syster

پاک/ککړ

....

ren / smutsig

مکمل/نامکمل

....

komplett / ofullständig

ورځ/شپه

....

dag / natt

مړ/ژوندی

....

död / levande

پراخه/نری

....

bred / smal

د خوراک وړ/نه خوړل کیدونکی

ätlig / oätlig

بد/مهربان

ond / god

پاریدلی/بې خونده

upphetsad / uttråkad

چاق/وچ

tjock / smal

MO
SA

لومړی/وروستی

först / sist

ملګری/دښمن

vän / fiende

ډک/تش

full / tom

سخت/نرم

hård / mjuk

دروند/سپک

tung / lätt

لوږه/تنده

hunger / törst

ناروغ/روغ

sjuk / frisk

غیرقانوني/قانوني

olaglig / laglig

هوښیار/ساده

intelligent / dum

کیڼ/ښي

vänster / höger

نږدې/لرې

nära / långt bort

86

متضاد - motsatser

نوي/زوړ

ny / begagnad

هیڅ/یو څه

inget / något

بډا/ځوان

gammal / ung

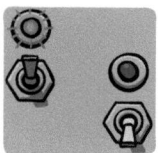

چالان/بند

på / av

خلاصه/تړلی

öppen / stängd

غلی/لوړ غږ

tyst / högljudd

بډایه/غریب

rik / fattig

صحیح/غلط

rätt / fel

زیږ/ملایم

grov / slät

خفه/خوښ

ledsen / glad

لنډ/اوږد

kort / lång

سست/ګړندی

långsam / snabb

لوند/وچ

våt / torr

ګرم/یخ

varm / sval

جګړه/سوله

krig / fred

siffror

0	1	2
صفر	يو	دوه
noll	ett	två
3	4	5
دري	څلور	پنځه
tre	fyra	fem
6	7	8
شپږ	اوه	اته
sex	sju	åtta
9	10	11
نهه	لس	يولس
nio	tio	elva

12

دولس
....
tolv

13

دیارلس
....
tretton

14

څوارلس
....
fjorton

15

پنځلس
....
femton

16

شپاړس
....
sexton

17

وولس
....
sjutton

18

اتلس
....
arton

19

نولس
....
nitton

20

شل
....
tjugo

100

سل
....
hundra

1.000

زر
....
tusen

1.000.000

میلیون
....
miljon

ژبې
språk

انګلسي
....
engelska

امریکایی انګلسي
....
amerikansk engelska

چینایی مندرین
....
kinesisk mandarin

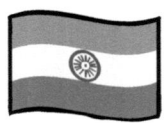

هندي
....
hindi

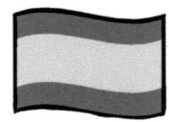

هسپانوي
....
spanska

فرانسوي
....
franska

عربي
....
arabiska

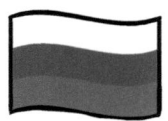

روسي
....
ryska

پرتګالي
....
portugisiska

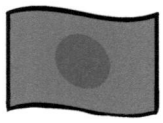

بنګالي
....
bengali

آلماني
....
tyska

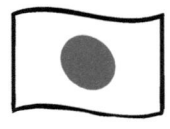

جاپاني
....
japanska

څوک/څه/څنګه
vem / vad / hur

زه

jag

ته

du

هغه/دغه/دا

han / hon / den (det)

موږ

vi

تاسي

ni

دوي/هغوی

de

څوک؟

vem?

څه؟

vad?

څنګه؟

hur?

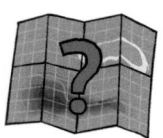

چیرې؟

var?

کله؟

när?

HELLO, I AM

نوم

namn

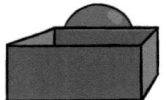

شاته

....

bakom

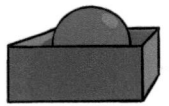

پە

....

i

پە مخه کی

....

framför

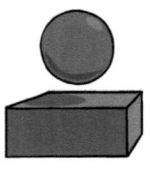

باندي

....

över

پە

....

på

لاندي

....

under

برسیره پر

....

bredvid

ترمینځ

....

mellan

ځای

....

plats